目　次

Let all the world in ev'ry corner sing	**1**	全地の
	2	聖なる我らの神
Come, my Way, my Truth, my Life	**3**	道なる主イエス
	4	ひかるよひとつぼし
Little Jesus, sweetly sleep	**5**	しずかな夜に
	6	主のひかりが夜を照らし
In the bleak midwinter	**7**	真冬のさなか
When you prayed beneath the trees	**8**	暗い園でひとり祈る主
	9	「光よ　あれ」と
	10	わがたまよ、主をたたえよ
	11	喜びたたえよ、われらの神を
	12	七つの燭台の
When the music fades	**13**	主の前で
	14	あなたの愛を身にまとい
Deep River	**15**	深い川よ
Von guten Mächten	**16**	善き力にわれかこまれ
All I once held dear	**17**	イエスを知る喜び
Go, carry thy burden to Jesus	**18**	主イエスのもとに行き
	19	私たちを一つにしてください
Amen	**20**	アーメン

全地のすみずみまで　たたえよ
天をこえて　声ひびかせ
地の上で神をたたえよ

全地のすみずみまで　たたえよ
神の民よ　ドアをひらけ
賛美は心にあふれる

全地のすみずみまで　たたえよ

「道なる主イェス」(本歌集第3番) 同様に、17世紀のジョージ・ハーバートの詩集『The Temple』(『聖堂』) に含まれ、かつ20世紀にR. ヴォーン・ウィリアムズの組曲『神秘的な5つの歌』にも含まれているが故に、英語圏では有名な宗教詩テキスト。旋律AUGUSTINEは、2つのクワイアによる通作形式というこの詩のオリジナルな構造に忠実な讃美歌旋律の欠落故に、E. ラウトリーが創作したもの。

父なる神・讃美

聖なる 聖なる 我らの神よ
あなたこそ 我らの主
すべてを治め すべてにまさる 救い主

昔も今も 変わることなく
愛にあふれる 我らの主
私はあなたを 慕います
あなたを拝し 歌います

シンガーソングライターとして活躍していた岩淵まことは、クリスチャンとなり、多くの讃美歌を世に送り出している。その岩淵は関根一夫牧師と出会い、1000曲を目指す讃美歌の創作プロジェクトを始める。これは、その活動の中で生まれた177番目の讃美歌で、作詞・作曲された讃美歌は「歌声ペトラ」という集まりの中で発表され続けている。

イエス・キリスト・讃美

1. 道なる主イェス
   私を生かす
   真理(しんり)のイェスは
   私のいのち

2. 私を照(て)らす
   まことの光
   私を招(まね)く
   聖なる力

3. 私を満たす
   天の喜び
   私を救う
   愛のみこころ

ジョージ・ハーバートは、形而上詩人と呼ばれる英国宗教詩人の一人で、最も敬虔な詩人にか
ぞえられる。ヨハネ14章6節を題材にしたこの詩は、詩集『The Temple』に収められている。
R. ヴォーン・ウィリアムズは英国の作曲家。民謡や伝統的な旋律の価値を認め、それらを題材
にした優れた作品を残している。讃美歌の分野では『English Hymnal』(1906) の音楽主査を務
めた。

4 ひかるよひとつぼし

渡辺真理, 1961―

渡辺晃子, 1961―

福音讃美歌協会編「あたらしい歌2」

イエス・キリスト・降誕

1. 光るよ　光るよ　ひとつ星
　　砂漠の　砂漠の　博士らと
　　暗い闇道　迷う我らを
　　導け　導け　王のもと

2. 探すよ　探すよ　羊飼い
　　まぶねの　まぶねの　ひとりの子
　　遠い昔に　約束された
　　貧しいうまやの救い主

3. 栄えの　栄えの　王の王
　　迎えよ　迎えよ　救い主
　　夜空に踊る　御使いたちと
　　歌えよ　歌えよ　この良き日

降誕の讃美歌。1、2、4行目の旋律の繰り返しが覚え易い。行の頭で繰り返されることばには、子供に歌って聞かせるような優しさがある。
旋律も単純素朴に徹したところに深い味わいがある。歴史を思い起こしつつ、短調と音楽素材のシンプルさを通して、クリスマスの謙卑の空気を感じ取っていただきたい。

イエス・キリスト・降誕

1. しずかな夜にねむる
   かわいい主イェス
   揺らしてあげましょ
   まぶねのゆりかご
   きれいなふくも
   きせてあげましょ

2. マリアのもとでねむる
   幼い主イェス
   揺らしてあげましょ
   まぶねのゆりかご
   あなたのために
   おつかえします

チェコのクリスマス・カロル。『English Hymnal』の編集にも関わったパーシー・ディアマー
の英訳によって、英国でも歌われるようになった。単純素朴な歌詞は、高度に複雑化した現代
にあって、シンプルな信仰の有り様を思い起こさせてくれる。英語のサビ「We will rock you」
の繰り返しは、ロックバンド「クイーン」のヒット曲「We will rock you」にもインスピレー
ションを与えた。

1. 主のひかりが　夜を照らし　小鳥も歌う
　　神の御子は　まぶねのなか　しずかに伏す
　　主なる御子は　まことの神　平和の君

2. 主のみつかい　闇を破り　救いを告げる
　　天の神に　みさかえあれ　みさかえあれ
　　地の人には　主よ、平和を　平和を、主よ

3. 羊飼いは　天を見上げ　御神を仰ぐ
　　ベツレヘムに　生まれた主は　平和の君
　　ベツレヘムに　眠る御子は　まことの神

スペイン・カタルーニャ地方のカロル「鳥の歌」(El Cant Dels Ocells) は、パブロ・カザルスがチェロ小品に編曲したことで、世界に広く知られるようになった。カタルーニャがまだフランコ政権の抑圧下にあった1971年、カザルスは国連総会の会場でこの曲を演奏している。彼が「カタルーニャの鳥は『ピース、ピース』と鳴く」と語って以来、多くの演奏家が平和の願いを込めて演奏するようになった。歌詞は「鳥の歌」の旋律に合わせ、平和を主題として新しく作られた。

イエス・キリスト・降誕

イエス・キリスト・降誕

1. 真冬（まふゆ）のさなか
   木枯（こが）らしに
   野山（のやま）も川も
   凍てついて
   あたりに雪の
   降り積もる
   遠い昔の
   冬のこと

2. 偉大（いだい）な神の
   御前（みまえ）では
   天もふるえて
   地も逃げる。
   凍てつく冬に
   やすらかに
   まどろむイェスは
   神の御子（みこ）

3. 御使（みつか）いたちも
   かしこんで
   あがめる御子は
   干し草（ほくさ）の
   まぶねの床（とこ）に
   いま、眠る。
   しずかに囲む
   家畜（かちく）たち

4. 御使いたちの
   集（つど）うとき
   光と歌の
   満ちるとき
   マリアはイェスを
   抱（だ）きよせて
   愛と礼拝
   ささげます

5. 私は何を
   ささげましょう
   羊飼いらは
   子羊（こひつじ）を
   博士（はかせ）は知恵（ちえ）を
   ささげます
   私はイェスに
   まごころを

クリスティーナ・ロセッティは、ジョージ・ハーバートの影響を濃く受けたビクトリア朝の詩人。この讃美歌では、深い信仰と女性らしい豊かな感性でクリスマスの情景を歌い上げている。作曲は組曲「惑星」で知られる英国の作曲家ホルスト。映画「風立ちぬ」で主人公が口ずさむ「誰が風を見たでしょう」は、ロセッティの詩を西条八十が訳したもの。

イエス・キリスト・受難と十字架

1. 暗い園でひとり祈る主
   はなれて眠る　主の弟子たち
   血の汗ながし　御父に祈る、
   あなたこそ私の助け手

2. 口づけで主は　裏切られて
   罪人たちの　手に渡され
   人に裁かれ　あざけりうけた
   あなたこそ私の隠れ場

3. 重い十字架を　肩に担い
   嘆きの道を　行く主イェスよ
   十字架の木に　釘で打たれた、
   あなたこそ私の贖い

4. 十字架の上の　主のみことば
   闇に輝く　神のことば
   地は揺れ動き　墓は開いた
   あなたこそ私のみ救い

クリストファー・アイドルは、英国の福音的な讃美歌作詩家。讃美歌についての論客としても活躍しており、出版、放送、講演など幅広くこなしている。福音書に記された主イエス・キリストのゲッセマネの祈りから、捕縛、裁判、ヴィア・ドロローサの道行き、そして十字架までを歌い上げた受難の讃美歌。

1. 「光よ あれ」と　神の言葉 響き渡り
   闇の中から光が生まれた
   昼も夜も　空も海も　地に育つ草も花も
   造り主の み業たたえ　喜び歌う ハレルヤ

2. 「世界に満ちよ」　神の言葉 放たれると
   いのち芽生える　祝福の中に
   鳥は空に　獣は地に　神の栄光あらわし
   夕べが来て　朝となって　一日を刻む ハレルヤ

3. 「全地 治めよ」　神の深い み旨 帯びて
   人は生まれた　神の似姿に
   神が「良し」とされた世界　その輝きを尊び
   地にあるもの そのすべてを　愛される主に仕えよ

作曲者のローワンが「言葉のない讃美歌」として作った曲に、荒瀬牧彦牧師が詩を付けたもの。日本賛美歌学会の歌集『主よ 来てください 風になって』(2016) に収録。神による創造の御業が、各節冒頭に置かれた三つの神のことばを軸に展開されている。3節について、作詞者は「すべて支配せよ」という箇所への「自分なりの受け止め方を示してみました」と記している。

10 わがたまよ、主をたたえよ

聖書

福音讃美歌協会編「あたらしい歌2」

遠藤 稔, 1967－

わが魂よ、主をたたえよ
わが内にある　すべてよ
聖なる御名を　ほめたたえよ
忘れるな　主の恵みを

神のみことば・詩篇の歌　一〇三篇

とても歌いやすい、明るい曲に仕上がっています。この詩篇103篇2節そのものが多くの人々を生かし、まさに主の恵みを思い起こさせてきた大切な聖句です。曲調は、主日礼拝でも、リトリートでも、どんなシーンでも賛美できそうです。そして、最後の ♪忘れるな　主のめぐみを♪ の繰り返しで盛り上がり、恵みの余韻が続きます。

1. 喜びたたえよ、われらの神を
   愛と知恵に富む　恵みの神を
   天を造られて　支える神を

2. たたえよ　主の民　平和の神を
   貧しい者らを　支え導き
   悪を打ち破る　正義の神を

3. 立琴かなでて　神をたたえよ
   あふれる光と雲と風とで
   天を満たされる　力の神を

4. 喜びたたえよ　正義の神を
   おきてとさばきに　恵みは満ちる
   神の子どもらよ　歌え　ハレルヤ

神のみことば・詩篇の歌　一四七篇

この曲の音楽は、讃美歌創作の志をもつ20代の若者の作品です。福音讃美歌協会の課題である
次世代の人材育成のひとつの成果です。作詞者・作曲者・讃美歌委員会が意見を交換しながら
作りあげました。輝かしいイ長調で主要三和音を多用した力強い和声の上に旋律が躍動し、詩
篇147篇に描かれた高らかな讃美を表現しています。

12 七つの燭台の

中山信児, 1960−

植木 愛, 1994−

福音讃美歌協会編「あたらしい歌2」

1. 七つの燭台の　ま中を歩まれる主
　　長き衣まとい　胸に黄金のおび
　　雪よりも白い髪　その目は燃える炎

2. 主の御足かがやく。燃えさかる炉のように
　　主の御声とどろく。さかまく水のように
　　造られしものはみな　主の御前にひれ伏す

この曲の音楽は、讃美歌創作の志をもつ20代の若者の作品です。作詞者・作曲者・讃美歌委員会が意見を交換しながら手を加えていくうちに、歌詞の内容に添い、かつ歌いやすい曲となっていきました。共同作業による讃美歌創作の可能性を示す作品ともなりました。黙示録に描かれた荘厳な主の御姿を、格調高く歌いあげる讃美歌です。

神のみことば・聖書の歌

13 主の前で

When the music fades, all is stripped away
Matt Redman, 1974—

THE HEART OF WORSHIP
Matt Redman, 1974—

福音讃美歌協会編「あたらしい歌2」

1. 主の前で　歌声が静まる時
　　心からひざまずき　ささげたい
　　どんな歌より大事なもの
　　求められる主
　　心を深く探り究め
　　見つめられる主

2. 素晴らしい主　言葉には尽くせぬほど。
　　このいのち　この息も　ささげます
　　どんな歌より大事なもの
　　求められる主
　　心を深く探り究め
　　見つめられる主

（くりかえし）
　　ただあなたを見上げて
　　あがめます　あなたを　主よ
　　いま私のすべてを
　　ささげます　あなたに　主よ

♪どんな歌より大事なもの　求められる主♪
しばしば讃美する自分自身に心が向いていたり、その場の雰囲気に浸っていたり…。主は、讃美する私たちの「The heart of worship－礼拝の心」を探られます。♪ただあなたを見上げて あがめます♪ そうです。ただ主だけが崇められることを祈って讃美しましょう。

1. あなたの愛を　身にまとい
　　あなたの前に　進み出ます。
　　十字架により　購(あがな)われ
　　あなたの前に　ひれ伏(ふ)します。

2. 白い衣(ころも)を　身にまとい
　　あなたの前に　進み出ます。
　　私の罪を　赦(ゆる)された
　　深い恵みに　感謝します。

3. 以前のものは　過ぎ去って
　　もはや死もなく　嘆(なげ)きもない。
　　この目の涙(なみだ)　拭(ぬぐ)いとる
　　あなたの御名(みな)を　讃美します。

今日的な礼拝の歌詞として率直。十字架の贖い、罪の赦しのゆえに、御前にひれ伏すこと、恵みに感謝することは、まさに福音的な礼拝の基本。
3節は黙示録と関係している。作者の個人的な経験もあって、天上の礼拝と地上の礼拝を自然に結びつける歌詞になっている。
神の国はやがて来るもの、またすでに来ているもの。その恵みを覚え、讃美し、礼拝に用いていきたい。

深い川よ
遙(はる)かなるヨルダン
遠きわが家(や)
あの川を越(こ)えて行(ゆ)こう

ともにこえて行(ゆ)こう
約束の地へ
喜び満ち
平和あふれる

遠きわが家(や)
あの川を越(こ)えて行こう

信仰の歩み・希望

有名な黒人霊歌。「深い川」(Deep River) とはヨルダン川のこと。ヨルダンを渡って約束の地に入るという信仰の希望と、アメリカの黒人奴隷たちが自由な北部に逃れるために川を渡るという現実的な解放の希望が、ひとつの歌詞に折り込まれ、自由と喜びをもたらす包括的な福音への招きとなっている。メロディーは、版や演奏によって細かな異同が多く見られる。

1. 善き力に われかこまれ、　（くりかえし）
　守りなぐさめられて、　　　善き力に 守られつつ、
　世の悩み 共にわかち、　　　来たるべき時を待とう。
　新しい日を望もう。　　　　　夜も朝も いつも神は
　　　　　　　　　　　　　　　われらと共にいます。
　過ぎた日々の 悩み重く
　なお、のしかかるときも、
　さわぎ立つ 心しずめ、
　みむねにしたがいゆく。

2. たとい主から 差し出される
　杯は苦くても、
　恐れず、感謝をこめて、
　愛する手から受けよう。

　輝かせよ、主のともし火、
　われらの闇の中に。
　望みを主の手にゆだね、
　来たるべき朝を待とう。

「善き力にわれかこまれ」(教会福音讃美歌358) 歌詞の、ジークフリート・フィーツ (1946－) によるポピュラースタイルのメロディーによるものです。ボンヘッファーの詞は、「善き力に囲まれ、主の杯が苦くても受け、新しい日を待ち望もう」と歌います。このメロディーでは最終節をリフレインとして歌い「善き力に守られ、いつも神はわれらと共にいます」を歌う者のうちに響かせます。ゆったりしたテンポが歌詞に馴染むでしょう。

信仰の歩み・希望

17 イエスを知る喜び

All I once held dear
Graham Kendrick, 1950−

KNOWING YOU
Graham Kendrick, 1950−

福音讃美歌協会編「あたらしい歌2」

1. 今日までの　人生で
　追いかけて　きたもの
　色あせて　失って
　うなだれて　きたけど

（くりかえし）
　イェスを、主を、
　深く、知る喜び
　あなただけが
　私のすべて
　愛します

2. 今、思う　主と出合い
　ともにある　よろこび
　あきらめて　いたものを
　新しく　見つけた

3. 主の十字架　よみがえり
　主の力　主の愛
　主とともに　死ぬときに
　生かされる　主のように

CCLIチャートの5位まで上り詰めたG. ケンドリックの人気作品の一つ。ピリピ書をテーマとした大規模集会のためにピリピ書を読み、詩を書き、曲を付し、自らの教会の会衆が歌い、修正を経て最終形に至ったとの事。「キリストの苦しみと死と復活に共に与る」(3節) が中心であるが故に、明るい旋律だが、しばしば葬儀の文脈でも用いられてきた。

信仰の歩み・喜びと感謝

1. 主イェスのもとに行き
   重荷をおろせば
   カルバリの十字架に
   なぐさめあふれる

   (くりかえし)
   こころをそそぎだし
   みそばで安らぐ
   御父は目を留めて
   めぐみそそがれる

2. かなしみから解かれ
   すくいをよろこび
   受けた愛にこたえ
   あたえて生きよう

3. 友なる主とあゆみ
   日ごとにしたしみ
   めぐみの水をくみ
   よろこびあゆもう

4. いのちと愛にみち
   きよきまじわりを
   もとめる人に主の
   ひかりをとどけよう

信仰の歩み・成長と向上

作詞者のエリザ・ヒューイットは、小学校教師として活躍している中で脊椎の病に倒れ、長い病床生活を送りますが、その弱さの中でも教会のためにできることはないかと考え、讃美を書くようになった人です。作曲者のW. J. カークパトリックは、米国のキャンプミーティング全盛時代に用いられた讃美歌作者で、今も多くの曲が歌い継がれています。この曲は欧米や韓国では良く歌われていますが、日本では余り親しまれていませんでした。福音的な歌詞に流れるような美しい旋律が心に響きます。

1. 神様、私たちを一つにしてください
   互いに愛し合って
   互いに赦し合って
   キリスト・イェスの御名を
   世界に伝えるため

2. 神様、私たちを一つにしてください
   真理の言葉により
   心を清め分かち
   罪から自由にされ
   救いを知らせるため

3. 神様、私たちを一つにしてください
   平和の絆により
   心を結び合わせ
   一つの体として
   主イェスを表わすため

4. 神様、私たちを一つにしてください
   主イェスの流された血
   十字架を仰ぎ見ます
   世界が膝をかがめ
   主の御名あがめるため

信仰の歩み・交わりと奉仕

大和田広美さんは、1歳9ヶ月で はしかにより失明しますが、中学の時にキリストを信じ、高校1年で洗礼を受けて、ピアノの弾き語りによる讃美の奉仕を始めます。現在は横浜市の本郷台キリスト教会に所属し、小学校や各地の教会でコンサート活動を行い、多くのオリジナル曲を発表しています。シンプルなメロディーと真実な祈りのことばがマッチして、作者の人格と信仰がよく表れている曲です。

20 アーメン

Amen　　　植木紀夫, 1963－(1,4,5,6,7,9)、土井康司, 1964－(2,3,8,10)
福音讃美歌協会編「あたらしい歌2」

礼拝の終わりで、祝祷に続けて会衆がともに歌うことを念頭に、短い10の「アーメン」を収録しました。これらの「アーメン」は教会福音讃美歌所収の各頌栄のモチーフや調性に合わせたものです。祝祷の後でその直前の頌栄と合う「アーメン」を歌うと良いでしょう。268番=4、269番=1,7、270番=1,5、271番=1,5、272番=6,9、273番=4、274番=2,3,8,10、275番=6,9。(移調して頌栄と調を合わせれば、他の組み合わせでも使えます。) 祝祷の後でその直前の頌栄と合う「アーメン」を歌うと良いでしょう。後奏として用いることもできるでしょう。

■聖句索引

創世記	1:1-31	------	9	ルカ	22:39-23:49	------	8
ヨシュア	1:2	------	15	ヨハネ	4:7-15	------	18
詩篇	8:1	------	1	ヨハネ	8:12	------	3
詩篇	30:1-5	------	16	ヨハネ	14:6	------	3
詩篇	65:1	------	13	ヨハネ	15:15	------	18
詩篇	101:1	------	11	ヨハネ	17:3	------	17
詩篇	103:2	------	10	ヨハネ	17:11-23	------	19
詩篇	147:1-20	------	11	ヨハネ	18:1-19:30	------	8
詩篇	148:7-13	------	1	ローマ	6:8	------	17
イザヤ	9:6	------	6	ローマ	12:4-5	------	19
イザヤ	12:2-6	------	2	ガラテヤ	2:20	------	17
マタイ	1:23	------	16	エペソ	2:14-17	------	6
マタイ	2:1-2	------	4	エペソ	4:16	------	19
マタイ	2:11	------	5, 7	ピリピ	2:10-11	------	19
マタイ	11:28	------	18	ピリピ	3:7-9	------	17
マタイ	20:22-23	------	16	ヘブル	11:13-16	------	15
マタイ	26:36-27:56	------	8	ヘブル	12:2-6	------	16
マルコ	14:32-15:41	------	8	黙示録	1:12-16	------	12
ルカ	2:8-20	------	4, 6, 7	黙示録	3:4-5	------	14
ルカ	2:12	------	5	黙示録	7:9	------	14
ルカ	15:7	------	3	黙示録	20:11	------	7

■主題索引

愛		2, 3, 7, 11, 14, 17, 18	地	------	1, 6, 7, 9
贖い	------	8	知恵	------	7, 11
いのち	------	3, 9, 13, 18	力	------	3, 16
歌	------	7, 13	造り主	------	9
王	------	4	弟子	------	8
重荷	------	18	ともし火	------	16
神の民	------	1	涙	------	14
カルバリ	------	18	墓	------	8
心／こころ	------	13, 18, 19	博士	------	4, 7
子羊	------	7	光／ひかり	-----	3, 6, 7, 9, 11, 18
杯	------	16	羊飼い	------	4, 6, 7
賛美／讃美	------	1, 14	平和	------	6, 11, 15, 19
自由	------	19	マリア	------	5, 7
十字架	-----	8, 14, 17, 18, 19	みことば	------	8
燭台	------	12	道	------	3
白い衣	------	14	御名	------	10, 14, 19
真理	------	3, 19	恵み／めぐみ	------	10, 11, 14, 18
救い主	------	2, 4	約束	------	4, 15
聖	------	2, 3, 10	赦し	------	19
正義	------	11	よみがえり	------	17
世界	------	9, 19	ヨルダン	------	15
全地	------	1, 9	喜び／よろこび	------	3, 11, 15, 17
立琴	------	11	わが家	------	15

■作詞者索引

Amagai, Kazuhiko （1960-）	------	14
Arase, Makihiko （1960-）	------	9
Bonhoeffer, Dietrich （1906-1945）	---	16
Dearmer, Percy （1867-1936）	------	5
Herbert, George （1593-1633）	-----	1, 3
Hewitt, Eliza E. （1851-1920）	------	18
Idle, Christpher （1938-）	------	8
Kendrick, Graham （1950-）	------	17
Nakayama, Shinji （1960-）	---	6, 11, 12
Owada, Hiromi	------	19
Redman, Matt （1974-）	------	13
Rossetti, Christina G. （1830-1894）	---	7

Sekine, Kazuo （1949-）	------	2
Watanabe, Makoto （1961-）	------	4

天海和彦 （1960-）	------	14
荒瀬牧彦 （1960-）	------	9
大和田広美	------	19
黒人霊歌	------	15
聖書	------	10
関根一夫 （1949-）	------	2
中山信児 （1960-）	---	6, 11, 12
渡辺真理 （1961-）	------	4

■作曲者索引

Doi, Koji （1964-）	---	14, 20
Endo, Minoru （1967-）	------	10
Fietz, Siegfried （1946-）	------	16
Hayashi, Naoya （1995-）	------	11
Holst, Gustav Theodore （1874-1934）		7
Iwabuchi, Makoto （1953-）	------	2
Kendrick, Graham （1950-）	------	17
Kirkpatrick, William J. （1838-1921）		18
Owada, Hiromi	------	19
Redman, Matt （1974-）	------	13
Routley, Erik （1917-1982）	------	1
Rowan, William P. （1951-）	------	9
Ueki, Ai （1994-）	------	12
Ueki, Norio （1963-）	------	20
Vaughan Williams, Ralph （1872-1958）		3

Watanabe, Akiko （1961-）	------	4

岩渕まこと （1953-）	------	2
植木愛 （1994-）	------	12
植木紀夫 （1963-）	------	20
遠藤稔 （1967-）	------	10
大和田広美	------	19
カタルーニャ民謡	------	6
黒人霊歌	------	15
スコットランド民謡	------	8
チェコ民謡	------	5
土井康司 （1964-）	---	14, 20
林直也 （1995-）	------	11
渡辺晃子 （1961-）	------	4

■曲名 （TUNE） 索引

AUGUSTINE	------	1
CRANHAM	------	7
DEEP RIVER	------	15
EL CANT DELS OCELLS	------	6
GO, CARRY THY BURDEN TO JESUS		18
KELVINGROVE	------	8

KNOWING YOU	------	17
ROCKING CAROL	------	5
TEMPLE OF PEACE	------	9
THE CALL	------	3
THE HEART OF WORSHIP	------	13
VON GUTEN MÄCHTEN	------	16

■原詞初行索引

All I once held dear	------	17
Amen	------	20
Come, my Way, my Truth, my Life		3
Deep river, my home is over Jordan		15
Go, carry thy burden to Jesus	------	18
In the bleak midwinter	------	7

Let all the world in ev'ry corner sing		1
Little Jesus, sweetly sleep	------	5
Von guten Mächten		
treu und still umgeben	------	16
When the music fades, all is stripped away		13
When you prayed beneath the trees		8

■初行・くりかえし索引　　　　　　　　＊一文字下げは「くりかえし」

アーメン	------	20
あなたのあいを　みにまとい	------	14
イェスを、しゅを、ふかく	------	17
いままでのじんせいで	------	17
かみさま わたしたちをひとつにしてください		19
くらいそので　ひとりいのるしゅ	------	8
こころをそそぎだし	------	18
しずかなよるに　ねむる	------	5
しゅイェスのもとにゆき	------	18
しゅのひかりが　よるをてらし	------	6
しゅのまえで　うたごえが	------	13
せいなる　せいなる　せいなる　かみよ		2

ぜんちのすみずみまで	------	1
ただあなたを見上げて	------	13
ななつのしょくだいの	------	12
「ひかりよ　あれ」と	------	9
ひかるよ　ひかるよ　ひとつぼし	------	4
ふかいかわよ	------	15
まふゆのさなか　こがらしに	------	7
みちなるしゅイェス	------	3
よきちからに　われかこまれ	------	16
よきちからに　まもられつつ	------	16
よろこびたたえよ　われらのかみを		11
わがたまよ　しゅをたたえよ	------	10

■著作権一覧

1　曲：©Erik Routley　訳：©中山信児
2　曲：©岩渕まこと(JASRAC)　編：©西原悟　詞：©関根一夫
3　訳：©中山信児
4　曲：©渡辺晃子　編：©土井康司　詞：©渡辺真理
5　編：©土井康司　訳：©中山信児
6　詞：©中山信児
7　訳：©中山信児
8　詞：©Christopher Idle　訳：©中山信児
9　曲：©William P. Rowan　詞：©荒瀬牧彦
10　曲：©遠藤稔(JASRAC)
11　曲：©林直也　詞：©中山信児
12　曲：©植木愛　詞：©中山信児
13　詞曲：Word & Music by Matt Redman ©THANKYOU MUSIC Permissoion granted by
　　EMI Music Publishing Japan Ltd. Authorized for sale only in Japan　訳：©中山信児
14　曲：©土井康司(JASRAC)　詞：©天海和彦
15　訳：©中山信児
16　曲：©ABAKUS Musik Barbara Fiez, 35753 Greifenstein / Germanyiegfried Fietz
　　訳：©日本基督教団讃美歌委員会
17　詞曲：©Graham Kendrick　訳：©中山信児
18　訳：©小川宣嗣
19　詞曲：©大和田広美
20　曲：©土井康司(JASRAC)／©植木紀夫